Bruno Estéfan Perego

Impactos da Evolução de Maturidade em Gestão de Produtividade e Resultados

Bruno Estéfan Perego

IMPACTOS DA EVOLUÇÃO DE MATURIDADE EM GESTÃO DE PRODUTIVIDADE E RESULTADOS

Um estudo de caso prático em indústria Brasileira de médio porte do setor plástico

Sumário

RESUMO **7**

ABSTRACT **7**

INTRODUÇÃO **9**

MODELO DE GESTÃO DE PRODUTIVIDADE (MGP) **17**

***LEAN MANUFACTURING* (PRODUÇÃO ENXUTA) - SISTEMA TOYOTA DE PRODUÇÃO** **24**

IMPLEMENTAÇÃO DE FILOSOFIAS (FERRAMENTAS E TÉCNICAS) LEAN MANUFACTURING **29**

METODOLOGIA **35**

DESENVOLVIMENTO **37**

DISCUSSÃO DE RESULTADOS **45**

CONCLUSÃO **51**

REFERÊNCIAS **53**

SOBRE O AUTOR: **59**

IMPACTOS DA EVOLUÇÃO DE MATURIDADE EM GESTÃO DE PRODUTIVIDADE E RESULTADOS

Um estudo de caso prático em indústria Brasileira de médio porte do setor plástico

IMPACTS OF THE EVOLUTION OF MATURITY ON PRODUCTIVITY AND RESULTS MANAGEMENT

A practical case study in Brazilian industry of medium-sized plastic sector

Bruno Estéfan Perego

RESUMO

Este livro adota um modelo de Maturidade da Gestão de Produtividade para apresentar impactos qualitativos e quantitativos alusivos à sua evolução, com a implementação de conceitos contemporâneos e abrangentes de gestão de produtividade (intimamente ligados ao *Lean Manufacturing* - LM) em uma indústria de médio porte situada no estado de São Paulo - Brasil, estruturada para operar sob o sistema produtivo MTS *(make to stock)*. Os estudos de caso cobriram relatos de ações dos últimos 6 anos da empresa. Observou-se que o desenvolvimento de gestão é especialmente impactante em empresas deste porte, em razão de suas limitações de recursos, em especial humanos. Os resultados demonstraram que a evolução em níveis de maturidade na gestão de produtividade atribuiu impactos expressivos nos desempenhos operacionais e financeiros da organização.

PALAVRAS-CHAVES:
Modelo de Maturidade, Gestão de Produção e Produtividade; PME; Melhoria Contínua; Lean Manufacturing.

ABSTRACT

This book adopts a Productivity Management Maturity model to present qualitative and quantitative impacts on its evolution with the implementation of contemporary and comprehensive productivity management concepts (closely linked to Lean Manufacturing - LM) in a medium-sized industry located in the state of São Paulo - Brazil, structured to operate under the MTS (make to stock) production system. The case studies covered reports of actions of the last 5 years of the company. It was observed that the development of management is especially impacting in companies of this size, due to its limitations of resources, especially human resources. The results demonstrated that the evolution in levels of maturity in the management of productivity attributed significant impacts on the operational and financial performance of the organization.

KEYWORDS:

Maturity Model, Production Management and Productivity; PME; Continuous Improvement; Lean manufacturing.

INTRODUÇÃO

A evolução de maturidade na gestão de produtividade não é uma tarefa fácil, exige não apenas boa dose de conhecimento, como também mudanças de comportamento e muito empenho.

Segundo pesquisa realizada com os principais executivos de várias empresas, 43% deles citam a produção como a área mais importante de *know-how* de funcionários. Além disso, existe evidência de que as empresas estão gastando cada vez mais dinheiro no aprimoramento de sua produção. Sendo a área que as empresas mais gastam com consultorias ao redor do mundo, e isso se dá provavelmente porque as empresas reconhecem que a administração da produção oferece potencial para aumentar receitas, que se dá através da combinação de capacidade em atender maior receita com custos baixos.

Os resultados desta pesquisa demonstram os benefícios de uma evolução árdua, mas de grande importância para o atual cenário competitivo, marcado por inúmeros avanços tecnológicos e inovadores, as empresas têm se esforçado para impulsionar a melhoria contínua de seus processos, visando obtenção de melhores resultados no âmbito industrial e global.

Modelos de maturidade foram desenvolvidos em forma de resposta às necessidades de medir os progressos alcançados pelas organizações como resultados da melhoria contínua. Trata-se de uma tentativa de avaliação quantitativa de características qualitativas. Evoluir a maturidade significa melhorar sistematicamente os processos de negócios de uma organização, que são capazes de proporcionar maiores desempenhos ao longo do tempo.

O modelo de maturidade consiste em uma estrutura de ferramentas e práticas, permitindo uma avaliação ampla e abrangente das principais competências da empresa no gerenciamento e melhoria dos fatores cruciais que levam a objetivos estabelecidos.

A melhoria contínua na gestão da produção visa aumentar a produtividade empresarial, compreendida como a relação entre os produtos criados a partir de um sistema de produção e os insumos (ativos físicos e financeiros, materiais, energia e informações) fornecidos para criar estas saídas.

Nos últimos tempos, notoriamente vivenciamos uma vasta evolução de conceitos e princípios (métodos e técnicas) voltados para a gestão da produção. Atualmente muitos desses conceitos têm sido utilizados no gerenciamento de produção através das mais diversificadas combinações, visando o aumento da produtividade: *Lean Manufacturing* (LM) - Produção enxuta, *Theory of Constraints* (TOC) - Teoria das Restrições, *Total Quality Management* (TQM) - Gestão da Qualidade Total, *Six Sigma* (SS) - Seis Sigma, *Total Productive Maintenance* (TPM) - Manutenção Produtiva Total, *Kaizen* - Melhoria Contínua, *Business Process Reengineering* (BPR) - Reengenharia dos Processos de Negócio, 5S. Esses conceitos são geralmente implementados de forma independente um do outro ou de uma maneira apenas incidentalmente vinculada. Ao mesmo tempo, esses conceitos estão tão intimamente relacionados que às vezes é difícil dizer se uma determinada solução é implementada como parte do LM ou TQM. O TPM é um sistema independente empregado no gerenciamento de produção ou, como dizem alguns, uma parte do LM. Recentemente, podem-se ouvir mais e mais vezes sobre Lean Six Sigma, um sistema que combina LM e SS ou mesmo sobre TLS - uma combinação de TOC, LM e *Six Sigma*. Muitos métodos e técnicas são usados em diferentes conceitos, as práticas 5S e a filosofia Kaizen, por exemplo, estão presentes em todos os conceitos, o *Single Minute Exchange of Die* (SMED) – Troca Rápida de Ferramenta é considerado uma ferramenta de LM e TPM, e o Controle Estatístico de Processos (CEP) é visto como um elemento de *Lean Manufacturing*, TQM e *Six Sigma*.

Essas ferramentas podem ser tratadas, por um lado, como conceitos complexos (filosofias) e, por outro lado, como uma caixa de ferramentas (conjunto de métodos e técnicas) que, se adequadamente implementados, ajudam a alcançar a melhoria da produtividade.

Porém, o mero conhecimento teórico mediante ao vasto "leque" de opções para combinar ferramentas e consolidar melhorias não é suficiente para assegurar que os resultados financeiros objetivados sejam eficazes e duradouros. No entanto, para que se torne possível uma estabilidade na obtenção de resultados em situações reais, se faz necessário um aprofundamento em metodologias de implantação e combinações ideais para cada cenário.

Nenhum sistema ou lógica específica é remédio para todos os males. Quando pensamos em gestão industrial, atualmente, ninguém mais discute que as abordagens contingenciais são as mais adequadas. Segundo essas abordagens, problemas característicos de diferentes contingências (ou situações) demandam diferentes soluções, portanto, não há uma "melhor solução" para todos os problemas.

As pequenas e médias empresas (PMEs) são organizações nitidamente diferentes do que seus parceiros maiores, descritas como possuindo a pobreza de recursos porque o seu próprio tamanho não permite acesso a recursos financeiros, tem uma falta de pessoal treinado e é impulsionado por uma perspectiva de gestão de curto alcance. Uma vez que as PMEs de manufatura recebem suas demandas de clientes, muitas vezes os níveis tático e operacional são desfocados, submetidos a uma alta frequência de mudanças, tanto em demandas de curto como de médio prazo. Isso torna o equilíbrio da dinâmica de cadeia de suprimentos uma tarefa difícil, muitas vezes composta por questões de competências internas.

Esta discussão foi um estímulo para o autor analisar a evolução dos princípios adotados pela empresa estudada baseado em um modelo de gestão de produtividade.

A indústria analisada neste estudo de caso é fabricante de utilidades plásticas, instalada na RMC (região metropolitana de Campinas, São Paulo - Brasil), caracteriza-se como uma empresa de médio porte (com até 499), produz uma vasta diversidade de itens e atua sob o sistema produtivo MTS (*make to stock*) em ambiente sazonal com fortes oscilações na demanda.

O objetivo principal dessa pesquisa se resume em apresentar as evoluções de maturidade no gerenciamento de produtividade da empresa e seus respectivos resultados no âmbito industrial e global.

Os objetivos secundários são:

▪Descrever de forma detalhada a implantação dos modelos de gestão escolhidos pela empresa que foi objeto de estudo, de forma que possam ser seguidos por empresas com características similares.

▪Fornecer *insights* para que os leitores possam encontrar alternativas para redução de custos, melhorias em desempenhos operacionais e atendimento a clientes.

O problema da pesquisa atualmente identificado é o de explorar e analisar os benefícios de determinadas evoluções em maturidade de gerenciamento industrial, observando um caso real.

Este estudo pretende responder a seguinte questão de pesquisa:

▪ Como a evolução de maturidade no gerenciamento de produtividade pode impactar nos desempenhos de PMEs, estruturadas sob o sistema produtivo MTS?

As justificativas para a pesquisa se dão ao fato de que:

▪ Indústrias deste porte possuem grande carência em nível de conhecimento e limitações de recursos, além de enfrentarem inúmeras dificuldades relacionadas ao planejamento e alinhamento entre as operações produtivas, de suprimento e demanda, devido ao fato de normalmente não serem atores dominantes de suas cadeias de suprimentos, com isso seus desempenhos em vários aspectos tendem a ser afetados e esse, pode ser um fator determinante para seu sucesso ou fracasso.

▪ Existe uma lacuna na literatura sobre o tema, atualmente não foram encontradas pesquisas que apresentem resultados efetivos sobre a evolução de maturidade na gestão de produtividade de PMEs com sistema produtivo MTS no Brasil e no mundo.

MODELO DE GESTÃO DE PRODUTIVIDADE (MGP)

O principal objetivo do MGP é apoiar as empresas no processo de implementação de modernos conceitos de gestão voltados para a melhoria da produtividade por meio de:

- Identificação do status atual da implementação.
- Identificação do status desejado (destino).
- Identificação de métodos e técnicas que devem ser implementados para se fazer a transição do status atual para o status de destino.

A estrutura geral do modelo de gerenciamento de produtividade adotada (mostrada na figura 1), inicia no nível dos postos de trabalho onde as práticas do 5S devem ser implementadas, visando concentrar-se em questões relevantes na posição de trabalho, incentivar o engajamento de todos os colaboradores para melhorar seu próprio ambiente de trabalho, estimular e desenvolver o foco do grupo em ideias de melhoria e acompanhamento.

Postos de trabalho limpos e bem-organizados são condições primordiais para implantar sistemas abrangentes de gerenciamento de produção (LM e TOC), sistemas de gerenciamento de qualidade (TQM e *Six Sigma*) e gerenciamento de manutenção (TPM). O ponto chave para esses sistemas é a abordagem em processo, ao focar nos processos, torna-se possível identificar, modelar, melhorar e otimizar gradualmente, ou mesmo reformulá-los radicalmente (BPR).

Figura 1 - Modelo de Maturidade para Gerenciamento de Produção.

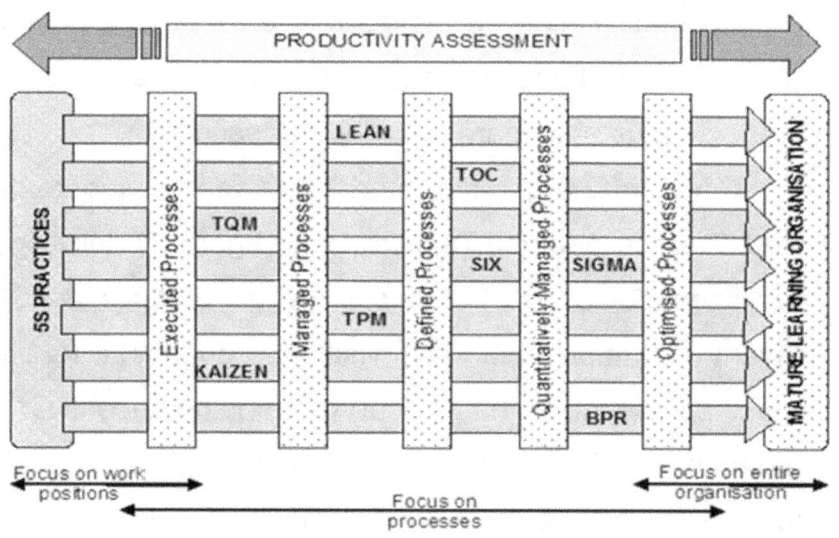

Fonte: Kosieradzka (2017)

Uma filosofia intrínseca à implantação de LM, TOC, TPM, TQM e *Six Sigma* é o *Kaizen*, um conceito introduzido por Masaaki Imai que está intimamente ligado à melhoria contínua. Trata-se de uma filosofia de trabalho que incentiva uma cultura de excelência e reúne dois aspectos importantes: o primeiro é a preocupação de mudar para melhor, e o segundo é a continuidade desse esforço através de ações permanentes de mudança (mudar e sempre). As pessoas são o recurso chave, pois o modelo sugere um foco contínuo na gestão de recursos humanos, no sistema de motivação e desenvolvimento de pessoas. Neste sentido, a mudança resultante na área de RH é tão profunda que se desenvolve uma nova cultura corporativa de "produtividade".

O propósito por trás da implantação dos métodos mencionados é assegurar a evolução contínua da gestão da produção. Assim, provavelmente tornará a empresa em uma organização de aprendizagem, ou seja, que gere mecanismos de rápidas respostas a novos desenvolvimentos, aderindo e implementando efetivamente a mudança, enfocando a melhoria contínua dos processos de gestão, produtos, desenvolvimento de pessoas e mudanças para melhor execução da estratégia e maior comprometimento de todos para garantir melhor adaptabilidade ao ambiente global mutável.

A evolução deve ser medida usando indicadores de produtividade adequadamente selecionados para suprir às necessidades da empresa e sua capacidade de acessar e/ou gerar dados.

O Modelo de Gestão de Produtividade (MGP) utiliza um baú de ferramentas de métodos e técnicas projetadas para alcançar um objetivo principal (*Lean Manufacturing*). Considerado como o melhor sistema e um dos melhores desenvolvimentos do século XXI. O modelo se apoia nos seguintes conceitos: 5S, LM, TPM, TQM, *Seis Sigma*, *Kaizen*, TOC e BPR.

Os conceitos de gerenciamento selecionados no MGP configuram uma ou mais dimensões (de conceitos mais complexos), identificando um total de 17 dimensões. Cada uma recebe uma pontuação em escalas de 1 a 5, sendo que as pontuações individuais de cada dimensão correspondem à pontuação total de maturidade da organização e do gerenciamento de seus processos de produção. Práticas: métodos, procedimentos, técnicas, medidas e ferramentas atribuídas às dimensões cuja aplicação contribui para atender os objetivos da dimensão.

Para a finalidade do modelo em questão, os níveis são intitulados de níveis de maturidade da produção, descritos na Tabela 1.

Tabela 1 - Níveis de Maturidade dos Processos de Produção.

Nível de maturidade	Status dos processos de produção	Descrição
Nível 1	Processos de produção efetivamente executados	As metas são atingidas (produtos adequados são fabricados na quantidade certe e no prazo) – mas esses processos não são iterativos ou previsíveis, o que torna impossível controlar o progresso
Nível 2	Processos de produção gerenciados	As metas de produção são atingidas como resultado da implementação de planos e o processo é monitorado em relação à consistência com os planos
Nível 3	Processos de produção definidos	As metas de produção são atendidas em processos definidos (descritos) alinhados com os parâmetros de abordagem do processo
Nível 4	Processos de produção gerenciados quantitativamente	Metas quantitativas e qualitativas e ferramentas de controle de desempenho foram definidas para processos individuais e seus constituintes (operações)
Nível 5	Processos de produção otimizados	Os processos são continuamente aprimorados e adaptados às mudanças do ambiente e da estratégia corporativa

Fonte: Baseado em Kosieradzka (2017)

O Modelo de Gestão de Produtividade pode ser utilizado para suportar a identificação do cenário atual da maturidade na gestão de produção e a definição do cenário futuro. A lacuna entre o cenário da meta e o cenário atual orienta o planejamento das medidas de melhoria sinérgica (implementação de práticas gerais aplicáveis em diversas áreas) para assegurar a evolução sustentável do negócio (com ênfase em crescimentos uniformes de todas as áreas). O cenário atual pode ser compreendido utilizando um questionário de avaliação configurado para este modelo.

LEAN MANUFACTURING (PRODUÇÃO ENXUTA) - SISTEMA TOYOTA DE PRODUÇÃO

O lean manufacturing (LM) ou produção enxuta teve seu início no Japão em 1930 com Sakachi Toyoda, com o objetivo de reduzir desperdícios.

A expressão produção enxuta (definida pelo pesquisador do IMVP John Krafcik), é "enxuta" por utilizar menores quantidades de tudo em comparação com a produção em massa: metade do esforço dos operários na fábrica, metade do espaço para fabricação, metade do investimento em ferramentas, metade das horas de planejamento para desenvolver novos produtos em metade do tempo, requer também bem menos de metade dos estoques atuais no local de fabricação, além de resultar em bem menos defeitos e produzir uma maior e sempre crescente variedade de produtos.

A Toyota hoje é mundialmente reconhecida como o berço do LM, embora o LM tenha recebido a contribuição de alguns pensadores ao longo dos anos.

A crise do petróleo no outono de 1973, seguida de recessão, afetou governos, empresas e sociedades no mundo inteiro. Em 1974, a economia japonesa havia caído para um nível de crescimento zero e muitas empresas estavam com problemas. Mas a *Toyota Motor Company,* embora os lucros tenham diminuído, ganhos maiores do que os de outras empresas foram mantidos em 1975, 1976 e 1977. A diferença cada vez maior entre ela e outras companhias fez com que as pessoas as perguntassem sobre o que estaria acontecendo na Toyota.

Na Toyota, como em todas as indústrias manufatureiras, o lucro só pode ser obtido através da redução de custos. Quando aplicamos o princípio de custos: Preço de Venda = Lucro + Custo Real, fazemos o consumidor responsável por todo o custo.

A redução de custos deve ser o objetivo dos fabricantes de bens de consumo que buscam sobreviver no mercado atual. Mas, não existe um método mágico. Ao invés disso, é necessário um sistema de gestão total que desenvolva a habilidade humana até sua mais plena capacidade, a fim de melhor realçar a criatividade e a operosidade, para utilizar bem instalações e máquinas, e eliminar todos os desperdícios. O Sistema Toyota de Produção (STP) surgiu por plena necessidade, havia escassez de tudo, desde matérias-primas até peças, não podiam conseguir as coisas na quantidade ou no momento necessário, seus fornecedores também estavam mal de equipamentos e de mão-de-obra.

A reorganização das máquinas no chão-de-fábrica para estabelecer um fluxo de produção eliminou o desperdício de estocar peças, ela também auxiliou para atingir o sistema (um operador, muitos processos) e aumentou a eficiência da produção em duas e três vezes.

As unidades da Toyota trabalhavam de forma completamente diferentes entre si, mas a filosofia de produção era exatamente a mesma: eliminar desperdícios.

O LM, portanto, baseia-se na premissa de produzir mais com os mesmos recursos, por meio de processos de melhoria que visam à eliminação de desperdício com o envolvimento da cultura organizacional da empresa, utilizando técnicas baseadas em autonomação (automação com intervenção humana), lotes pequenos, 5S, layout celular, no conceito de operário multifuncional, no sistema de produção puxada - *kanban*, como emissão de ordens, e na década de 1990 o STP incorporou conceitos de reengenharia de processos e novas técnicas para viabilizar processos de implantação em curto prazo.

Os benefícios do LM não se dão apenas pela redução dos desperdícios, mas também a redução de qualquer atividade que não agregue valor, evoluções de qualidade (enquanto os custos com qualidade diminuem), agilidade organizacional aprimorada e lead times de produção reduzidos. Princípios do LM podem ser aplicados universalmente nas empresas. Em contexto contemporâneo a produção enxuta evoluiu para um campo mais abrangente de implementação e denominou-se gestão enxuta.

Os princípios da filosofia LM são descritas a seguir: Trabalho em equipe e contribuição para o desenvolvimento e bem-estar do país; usar de pesquisa e criatividade para estar sempre à frente do seu tempo; Ser sempre sincero e forte; Ser gentil e generoso, a fim de formar uma atmosfera agradável; Fazer uso do respeito, gratidão e satisfação.

A manufatura enxuta chamou a atenção de organizações em todo o mundo, independentemente de seu setor de atuação, e sua implementação tornou-se uma necessidade entre as empresas que desejam atuar em um mercado global. Embora seus benefícios sejam inegavelmente reconhecidos, muitas empresas ainda não têm recorrido às implementações de seus princípios e filosofias.

IMPLEMENTAÇÃO DE FILOSOFIAS (FERRAMENTAS E TÉCNICAS) LEAN MANUFACTURING

Inúmeras práticas enxutas são apresentadas na literatura, nota-se que não há uma fórmula universalmente aplicável. Portanto, é importante contemplar que práticas de princípios LM podem ser implantadas com sucesso em qualquer tipo empresa, não importando seu tamanho ou negócio. Cada organização deve encontrar a combinação ideal que possa ser adaptada às suas características. A Toyota acredita que as práticas são uma resposta específica a um problema.

A implantação de uma estratégia de LM retrata uma contribuição robusta para a sequência de etapas que conduz à excelência operacional e à melhoria contínua através da eliminação de atividades sem valor agregado. No entanto, as práticas enxutas contribuem substancialmente para o desempenho operacional da organização.

Algumas das práticas de manufatura enxuta mais dominantes incluem *kanban*, eventos *kaizen*, fluxo contínuo, redução de estoque, trocas rápidas, redução de tempo de ciclo, prova de erros e *Value Stream Mapping* - Mapeamento do Fluxo do Valor (VSM).

Algumas práticas enxutas podem ser implementadas independentemente do porte da empresa, mas algumas se associam ao tamanho da empresa e podem ser mais difíceis de serem implementadas em PMEs. Segundo o mesmo autor, as melhores práticas para PMEs são: redução do tempo de *setup*, Kanban, redução do tamanho de lote, gestão de fornecedores, manutenção preventiva, funcionários multifuncionais, carga de trabalho uniforme, controle visual, envolvimento dos funcionários (círculos de qualidade), gestão da qualidade total, treinamento, trabalho em equipe, melhoria contínua da produção, 5S e padronização.

A ideia universalmente aceita na literatura, é que a implementação enxuta envolve dois conceitos básicos:

eliminar desperdício e criar valor, e apresenta cinco passos importantes:

- Especificação de valor (quais combinações de recursos, capacidade, disponibilidade e preço serão preferidos pelos clientes?);
- Análise do fluxo de valor (o conjunto de processos e atividades necessárias para levar um produto ao cliente, do começo ao fim);
- Fluxo contínuo (procurar fazer com que o valor flua continuamente, ao invés de lotes);
- Melhoria contínua (convicção de que os esforços de melhoria nunca são concluídos e consistência para manter a disciplina para melhoria do local - *kaizen*);
- O cliente puxar (não empurrar os produtos para os clientes, e sim deixá-los puxar "valor", produtos ou serviços e vincular toda a cadeia produtiva de forma que os materiais não sejam liberados e as atividades não sejam realizadas até que sejam necessárias).

Passos importantes para implementação de LM são apresentados a seguir:

1. Planejar a mudança (definição de necessidades de mudança, compromisso e suporte da alta gerência, identificação de áreas-alvo, linhas de modelos e estratégia de desenvolvimento);
2. Implementação (eliminação de desperdícios, melhoria contínua, fluxo contínuo e sistemas puxados, equipes multifuncionais, sistemas de informação);
3. Mensurar o progresso;
4. Objetivo das métricas (monitorar a evolução da implementação, monitoramento contínuo, avaliações comparativas).

Embora o LM apresente elevada e positiva prevalência na indústria, com abundantes casos de implementações bem-sucedidas registradas na literatura, alguns fatores podem limitar o sucesso de uma implementação:

- Extensos portfólios de produtos representam que cada "tarefa" provavelmente seja diferente, inviabilizando padronizações;

- Certas características de produtos criam restrições de produção;
- PMEs simplesmente não conseguem igualar o domínio ou os recursos que as empresas maiores desfrutam, permitindo que sejam inflexíveis ao longo de suas cadeias de suprimento.

Outros fatores detectados como possíveis obstáculos em implementações de práticas LM em PMEs, são:

- Falta de familiarização com o LM;
- "Não é para nós" - conceito de LM mal compreendido;
- Limitações de recursos;
- Resistência do pessoal (cultura);
- Implementação sem adaptá-lo a um cenário específico da empresa.

A relevância do compromisso da gestão para produção enxuta é altamente salientada na literatura, a continuidade da mudança depende de alguém adequadamente posicionado com um compromisso de mudança e com comportamentos compatíveis com a mudança.

As PMEs que implementam com sucesso o LM normalmente possuem uma estrutura plana e sistemas simplificados, promovendo flexibilidade para mudanças e disseminação de conhecimento. Por outro lado, as que fracassam normalmente possuem limitações de recursos, em especial recursos de capital e humano.

METODOLOGIA

O método escolhido para elaborar essa pesquisa foi o de estudo de caso. Que será divido em duas etapas, a primeira etapa trata-se de um estudo exploratório antes das evoluções realizadas na gestão da produtividade industrial, e a segunda etapa do estudo será realizada durante a adição das melhorias aplicadas na empresa abrangendo relatos de ações dos últimos 6 anos da organização.

O estudo de caso é apenas umas das muitas formas para se realizar pesquisas. E cada método possui suas vantagens e desvantagens particulares, dependendo basicamente de três condições:

➢ O tipo de questão da pesquisa;
➢ O controle que o pesquisador possui sobre os eventos comportamentais efetivos;
➢ O foco em fenômenos históricos, em oposição a fenômenos contemporâneos.

A escolha das estratégias de estudo de caso para realização de pesquisas cientifica é caracterizado pelos tipos de questões a serem feitas. Se as questões forem "como" e "por que" a estratégia preferida é o estudo de caso.

    As estratégias de pesquisas devem atender ao propósito do trabalho, que pode ser exploratório, descritivo ou explanatório, sem fronteiras rígidas entre estes nem necessariamente delimitação específica entre os propósitos do estudo e a estratégia da pesquisa.

DESENVOLVIMENTO

A Plasmont Indústria e Comércio de Plásticos (empresa estudada) foi fundada em 2002 na Região Metropolitana de Campinas (RMC), estado de São Paulo. Atuante no ramo de utilidades plásticas, evoluiu ao longo dos anos, incorporando várias linhas de produtos em seu portfólio passou a atender todo o território nacional e alguns países da América Latina.

Em meados de 2013, o diretor geral resolveu contratar um profissional com experiências adquiridas também em outros segmentos e forte vivência acadêmica (o autor), com o desafio inicial de estruturar o departamento de planejamento e controle da produção (PCP), após alguns meses de trabalho (recém-contratado) evoluiu para a posição de gerente industrial (GI), onde se deparou com um contexto de baixo planejamento, sérios problemas de serviço ao cliente, inúmeras rupturas em processos, elevados tempos de *setup* e *lead times* e consequentes faltas de produtos finais, com isso, frequentemente alguns pedidos eram entregues incompletos ou com atraso.

Havia necessidade de implantar a mentalidade enxuta na organização. Inicialmente o novo GI iniciou uma seção de entrevistas individuais com os colaboradores da média gerência e supervisão, que posteriormente foi estendida aos níveis operacionais, acompanhadas de análises de relatórios de todas as áreas.

Ao concluir um primeiro diagnóstico, notou-se que apesar de a empresa estar inserida em um segmento de difícil previsão de demanda e sofrer com fortes oscilações, os níveis de estoques mantidos para muitas unidades de manutenção de estoque (SKUs) eram bem maiores que o necessário para suas respectivas demandas.

Percebido isso, o primeiro desafio foi o de melhorar a disponibilidade de produtos acabados sem aumentar o valor gasto com estoque, e em curto prazo reduzir o excesso. Porém, de início foi necessário regularizar o estoque dos itens que estavam em falta e isso resultou em um pequeno incremento no nível de estoque médio, posteriormente o mesmo foi sendo balanceado gradativamente.

Os colaboradores foram capacitados através de técnicas de motivação e trabalho em equipe, e da implementação de um programa de avaliação de desempenho com premiações vinculadas a metas individuais e coletivas. Além de beneficiar os colaboradores, este programa proporcionou, principalmente, muitos benefícios para a empresa que passou a reter os melhores colaboradores de sua região e a aumentar o nível de exigência, expurgando naturalmente os colaboradores com desempenhos abaixo da média e/ou desmotivados.

Depois de ter estabelecido certo nivelamento intelectual entre os profissionais de funções chave, iniciaram-se as primeiras seções de treinamentos sobre a filosofia *Lean Manufacturing* (produção enxuta), visando torná-los aptos a identificar e reduzir desperdícios nas operações, em todos os setores industriais.

Em seguida foi realizada a implementação do programa de melhoria contínua (*Kaizen*). Inicialmente, o GI convocou alguns colaboradores de destaque (com perfis de liderança) para liderar equipes (com até cinco integrantes) visando impulsionar o programa, e conseguiu junto ao diretor geral que o programa contemplasse incentivos (prêmios) em dinheiro para todos os integrantes da equipe que implementasse os melhores projetos ao término de cada ciclo (12 meses). Num segundo momento, após a familiarização dos colaboradores com o programa, o mesmo passou a ser aberto para participação de toda empresa, sem necessidade de criar equipes para discutir ideias, premiando os 10 melhores *Kaizens* de cada ciclo, abrangendo assim um maior número de colaboradores beneficiados. Todos os projetos e/ou ideias são aceitos para análise (sem críticas) visando não inibir a criatividade, podendo ou não serem implementados. Em curto prazo os resultados do programa foram surpreendentes, nos 2 primeiros anos foram implementados 49 projetos/ideias de melhoria.

    Depois desta etapa, em meados de 2016, com 14 anos de operação a empresa ainda não havia desenvolvido um sistema adequado para planejar as necessidades de materiais e controlar os processos, e a direção entendeu que aquele era o momento. Iniciou-se então a implantação de um software para controle de chão de fábrica em tempo real (SFC) – *Shop Floor Control*, dando um grande salto tecnológico, o SFC foi moldado/customizado pela empresa contratada em conjunto com o gestor industrial, visando adequar as necessidades de lógicas e relatórios em função das características da empresa. Por se tratar de um software que depende (em alguns casos) da intervenção humana, como por exemplo, informar os motivos de perdas e de interrupções dos recursos, todos os colaboradores envolvidos direta ou indiretamente com software receberam treinamentos apostilados para a adoção do mesmo. A tecnologia foi muito significativa para obtenção de evoluções progressivas e muito expressivas nos índices de produtividade, qualidade e disponibilidade.

Outro ponto que necessitava melhorar era a acuracidade dos saldos em estoque, que também foi possível com auxílio do SFC, abandonando as fichas em papel e aderindo apontamentos automáticos (em tempo real) de produtividade e qualidade (perdas).

Para melhorar a disponibilidade dos recursos através da redução do tempo de setup, foi utilizada a ferramenta SMED. Inicialmente, um estagiário foi orientado pelo GI a realizar filmagens completas das atividades de setup, que posteriormente foram analisadas para identificar oportunidades de melhorias. E mediante um esforço contínuo para transformar atividades internas (com o recurso improdutivo) em atividades externas (com o recurso em operação) alcançou-se os resultados apresentados no tópico seguinte.

Visando a eliminação do desperdício com inventário em excesso, análises de curva ABC foram aderidas e se tornaram periódicas, culminaram também na percepção de várias oportunidades para inovação e lançamentos novos produtos, e principalmente substituindo produtos que não aderiam os princípios de fluxo contínuos (necessitando muitos processamentos) e com baixo giro, porém, demandavam esforços administrativos e custos de armazenagem inviáveis. Essas ações impactaram de forma muito positiva no faturamento e nos custos da companhia.

O departamento de qualidade implementou o programa 5S, estimulando competições entre setores, com premiações coletivas aos integrantes dos setores vencedores ao final de cada ciclo (trimestral) de avaliação. Treinamentos sobre o programa também se tornaram periódicos, atrelados as metas do coordenador de qualidade e gestores de áreas.

Foram elaborados procedimentos operacionais padrão (POP) para auxiliar na execução das operações.

E reuniões semanais sobre qualidade foram inseridas para estimular o engajamento de todos os colaboradores.

A gestão de fornecedores também precisava ser aprimorada. Todos os recebimentos, passaram a ser conferidos em termos de quantidades, com o auxílio de paleteiras com balança integrada e qualidade dos materiais e insumos.

Alguns mapeamentos de fluxo de valor (VSM) foram realizados visando à identificação de necessidades de relaxamento de restrições (recurso gargalo).

Gradativamente todos os operadores foram capacitados para aderir multifuncionalidades, passando a realizar rodízios periódicos em seus setores, tornando-se aptos a operar todos os recursos.

O planejamento e controle da produção e a gestão de estoques foram melhorados através de parametrizações de níveis ideais de estoques das SKU's, com o dimensionamento de lotes econômicos, ponto de pedido e estoque de segurança. Embora a filosofia do LM tenha sido adotada de forma muito consistente, a utilização de *Kanban* (produção puxada), não foi viável na maioria dos processos, devido à estrutura produtiva e a grande variedade de itens (ao todo 8.330 SKUs, sendo 3.123 produtos) da organização, optando então pelo uso do MRP (*Material Requirement Planning*).

    Sob o ponto de vista do GI, tratou-se de um trabalho árduo e gradativo, que resultou em melhores desempenhos operacionais, redução de níveis de estoques, melhores níveis de serviço e principalmente os resultados financeiros. Porém, ressalta a necessidade de uma evolução contínua em gestão de produtividade e investimentos em tecnologia, para obtenção de consistência e o sucesso duradouro.

DISCUSSÃO DE RESULTADOS

Para chegar ao patamar de evolução atual, foi fundamental a capacitação de pessoal da média gerência e supervisão. Ao longo desses 6 anos foram realizados muitos treinamentos abordando temas diversos, como previsão de demanda, teoria das restrições, conceitos e filosofias do sistema Toyota de Produção, gestão de estoques, entre outros) e reuniões de planejamento com o objetivo de integrar as áreas e fixar as novas filosofias de trabalho. A evolução de maturidade na gestão de produtividade da empresa em relação às 17 dimensões selecionadas é representada na figura 2, a seguir.

Figura 2 – Perfil de Maturidade da Empresa para Gerenciamento da Produtividade.

Conceito	Dimensões	Níveis de Maturidade				
		1	2	3	4	5
5S	Práticas de 5S					
LM	Eliminação de Resíduos					
	Princípios LM					
	Nivelamento - Fluxo unitário					
	VSM - Mapeamento do Fluxo de Valor					
	Sistema Puxado - kanban					
	Padronização					
	Parceria de fornecedor (JIT)					
TPM	SMED - Troca rápida de ferramenta					
	Princípios TPM					
TQM	Prova de Erro - Poka Yoke					
	Sistema de gestão da qualidade					
	Princípios TQM					
Seis Sigma	Princípios Seis Sigma					
Kaizen	Kaizen - Melhoria contínua					
TOC	Princípios - TOC					
BPR	Gestão de Processos e BPR					

	Perfil de maturidade - ANTES
	Perfil de maturidade - DEPOIS
	Perfil de maturidade - AUSENTE

Fonte: Baseado em Kosieradzka (2017)

Cada uma das dimensões recebeu uma pontuação em escalas de 1 a 5 (ou em branco em caso de não atingimento), sendo que as pontuações individuais de cada dimensão correspondem à pontuação total de maturidade da organização e do gerenciamento de seus processos de produção, cujas práticas (métodos, procedimentos, técnicas, medidas e/ou ferramentas) contribuem para atender os objetivos da dimensão.

A comparação de resultados antes e depois da evolução de maturidade é apresentada a seguir (vide tabela 2).

Tabela 2 - Comparando as variáveis da evolução (antes e depois) das melhorias aplicadas.

Variáveis	Antes	Depois
Nível de serviço (OTIF)	83%	99%
Demanda anual média (peças)	19.481.069	26.198.708
Estoque médio (MP) (toneladas)	210	207
Estoque médio (PA e WIP) (peças)	1.216.971	991.158
Giro de estoque (anual)	15,9	26,3
Tempo de setup médio (minutos)	41,9	26,6
Índice de produtividade	94,42%	98,17%
Índice de qualidade	94,72%	97,96%
Índice de disponibilidade	57,94%	66,56%
OEE	51,82%	64,01%
Lead Time (médio) em dias	42	18
Faturamento	Valor não divulgado	+66,71%

Fonte: Autoria própria (2018)

No início da análise (em 2013) o nível de serviço (atendimento de pedidos) que girava em torno de 83% passou (em 2018) a atingir OTIF (*On Time In Full*) (indicador de entregas no prazo e na totalidade) de 99%.

A demanda anual média passou de 19.481.069 peças para 26.198.708 peças. Este aumento foi reflexo de uma série de fatores, entre eles, se destacam a evolução do capital humano, melhor atendimento ao cliente (confiabilidade, velocidade e qualidade), investimento em tecnologia e consequentes reduções de custos.

O estoque médio de matéria-prima (MP) que era relativamente baixo praticamente se manteve de 210 toneladas passou para 207 toneladas, enquanto os saldos médios de produto acabado (PA) e estoque em processo (WIP) foram reduzidos em cerca de 18,6%, de 1.216.971 para 991.158 peças.

Assim o giro de estoque passou de 15,9 para 26,3 giros por ano (2,2 giros por mês).

O índice de produtividade (quantidade de produção efetivamente realizada em relação à quantidade de produção possível dentro do período - padrão) que girava em torno de 94,42% passou para 98,17%, isso representou em média 1,1 milhões de peças a mais no ano (mediante redução de tempo de ciclo) mantendo os custos fixos.

O índice de qualidade (quantidade de peças boas em relação ao total de peças produzidas) passou de 94,72% para 97,55%.

O índice de disponibilidade (tempo dos recursos efetivamente produzindo em relação ao tempo total disponível) na empresa em questão, penalizando todos os motivos de paradas, inclusive paradas para horário de refeição, manutenções preventivas e estratégicas, evoluiu de 57,94% para 66,56%.

Os três índices mencionados representaram ganhos expressivos, pois em conjunto refletem diretamente na taxa de eficiência global dos equipamentos (OEE), que evoluiu de 51,82% para 63,74%.

O *Lead Time* (tempo de atravessamento dos produtos por todas as fazes da operação e espera, desde a chegada da matéria-prima até estarem disponíveis para o cliente) médio foi reduzido de 42 para 18 dias.

A evolução das variáveis analisadas é demonstrada graficamente a seguir, na figura 3.

Figura 3 – Evolução percentual das variáveis analisadas.

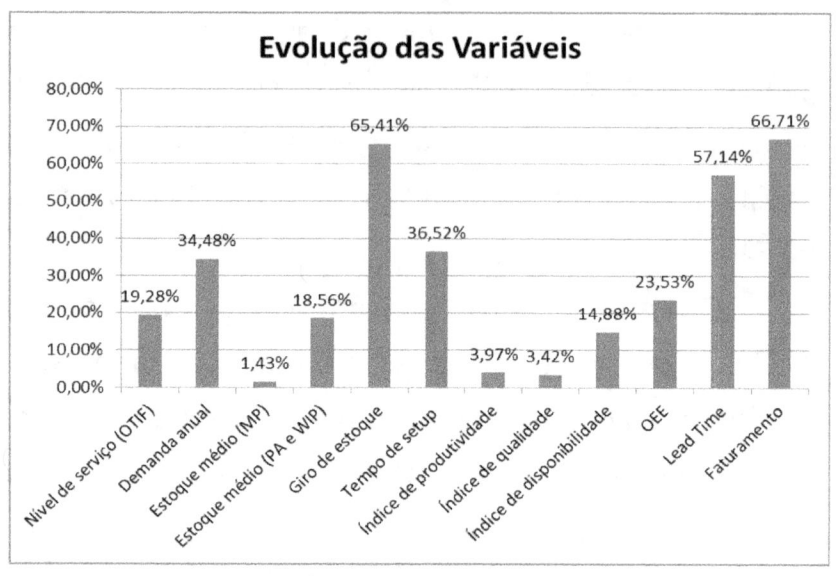

Fonte: Autoria própria (2018)

Todas as evoluções anteriormente mencionadas impactaram positivamente no faturamento da empresa, de forma muito significativa com um aumento na casa de 66,71% em 6 anos, permitindo que a empresa atingisse outro patamar de visibilidade no mercado em que atua.

CONCLUSÃO

Utilizando técnicas contemporâneas de gestão da produção, intimamente ligadas ao *Lean Manufacturing* e avaliações contínuas dos processos foi possível reduzir variabilidades, padronizar as fases dos processos, obter melhores níveis de serviço, de estoques, tempo de setup, produtividade, qualidade, disponibilidade, lead time e responsividade no planejamento da cadeia de suprimentos, repercutindo em melhores resultados financeiros. Porém, no cenário altamente competitivo e mutável em que vivemos, tais melhorias requerem intervenções contínuas e consistentes.

Assim, com base nesta pesquisa, a evolução de maturidade na gestão de produtividade se consolida como um dos principais fatores para o sucesso de PMEs industriais, por se tratar de técnicas que visam facilitar as práticas de planejamento e controle, reduzir custos, integrando setores e centros produtivos para alcançar o melhor balanceamento entre a produção e a demanda de modo a estarem alinhados com a estratégia competitiva da empresa.

REFERÊNCIAS

ACHANGA P., SHEHAB E., ROY R, NELDER G. (2006). **Critical success factors for lean implementation within SMEs**. J Manuf Technol Manage (2006); 17:460–71. doi: 10. 1108/17410380610662889.

Álvarez, R., CALVO, R. et. al. (2009). **Redesigning an assembly line through lean manufacturing tools**. Int J Adv Manuf Technol, 43:949–958 DOI 10.1007/s00170-008-1772-2.

BALLE M., BALLE F. (2009). **The lean manager: a novel of lean transformation.** 1st Edition. Lean Enterprise Institute, Inc.

COX JF, SCHLEIER JG, (2010). **Theory of Constraints Handbook.** New York Mc Graw-Hill.

CORRÊA, H. L.; GUIANESI, I.; CAON, M. (2011). **Planejamento Programação e Controle da Produção: MRP II/ERP: conceitos, uso e implantação.** 5 ed. São Paulo: Atlas.

CHIAVENATO, I. (2005). **Administração da Produção: uma abordagem introdutória.** 1 ed. Rio de Janeiro: Elsevier.

CRUTE V., WARD Y., BROWN S., GRAVES A. (2003). **Implementing lean in aerospace -challenging the assumptions and understanding the challenges.** Technovation; 23:917–28. doi: 10.1016/S0166-4972(03)0 0 081-6.

EMILIANI ML. (2006). **Origins of lean management in America: the role of connecticut businesses.** J Manage History 2006; 12:167–84. doi: 10.1108/ 13552520610654069.

FELD WM. (2001). **Lean Manufacturing. Tools, Techniques, and How To Use Them.** Boca Raton: The St. Lucie Press.

GERRINI, F. M.; BELHOT, R. V.; JÚNIOR, W. A. (2014). **Planejamento e Controle da Produção: Projeto e Operação de Sistemas.** 1 ed. Rio de Janeiro: Elsevier.

GOODYER J., MURTI Y., GRIGG N.P., SHEKAR A. (2011). **Lean: insights into SMEs ability to sustain improvement.** Cambridge, United Kingdom: University of Cambridge.

HALL, R. (1992). **The strategic analysis of intangible resources.** The Strategic Management Journal, v. 13, p. 142.

HAMMER M. (2007). **The Process Audit.** Harvard Business Review 2007;85(4):111–123.

HAMMER M. (1995). **The Reengineering Revolution.** London: HarperCollins Publishers.

HINES P, FOUND P, GRIFFITHS G, HARRISON R. (2008). **Staying lean: thriving, not just sur- viving.** Lean Enterprise Research Centre.

HINES P, FOUND P, GRIFFITHS G, HARRISON R. (2011). **Staying lean: thriving, not just surviving.** 2nd Edition. Productivity Press; https://doi.org/10.1201/b10492.

HIRANO H. (1995). **5 Pillars of the Visual Workplace: The Source Book for 5S Implementation.** Portland, Oregon: Productivity Press.

IMAI M. Kaizen (1986). **The Key to Japan's Competitive Success.** New York: McGraw Hill.

KAYDOS W. (1999). **Operational Performance Management. Increasing Total Productivity.** Boca Raton: St. Lucie Press.

KODALI, G. (2009). **Selection of lean manufacturing systems using the analytic network process – a case study**, Journal of Manufacturing Technology Management, Vol. 20 Issue 2, pp. 258 – 289.

KOSIERADZKA, A. (2017). **Maturity Model for Production Management.** In Procedia Engineering (Vol. 182, pp. 342–349). Elsevier Ltd. https://doi.org/10.1016/j.proeng.2017.03.109

KOSIERADZKA A. (2012). **Zarządzanie produktywnością w przedsiębiorstwie [Productivity Management in the Enterprise].** Warsaw: C.H. Beck.

LIKER, J.K.; MEIER, D. (2007). **O Modelo Toyota: manual de aplicação.** 1 ed. Porto Alegre, RS: Bookman.

LOOY, A. (2014). **Business Process Maturity: A Comperative Study on a Sample of Business Process Maturity Model.** Berlin: Springer-Verlag.

LUNAU S. (2008). **Six Sigma + Lean Toolset.** Berlin: Springer-Verlag.

MANOTAS Duque D. F., RIVIERA Cadavid L. (2007). **Lean Manufacturing Measurement: The Relationship between Lean Activities and Lean Metrics**, Estudios Gerenciales, Vol. 23, No. 105 (Octobre – Diciembre, 2007), pp. 69 – 83.

MARZEC P.E. e MATTHEWS R.L. (2012). **Refining the internal-external learning model via knowledge** acquisition and organizational learning, in: Boston MA.

MUNTEANU V. e ȘTEFĂNIGĂ A. (2018). **Lean manufacturing in SMEs in Romania.** Procedia-Social and Behavioral Sciences 238; 492 – 500.

NAKAJIMA S. (1988). Introduction to TPM. **Total Productive Maintenance.** Portland, Oregon: Productivity Press.

OAKLAND JS. (2014). **Total Quality Management and Operational Excellence.** London: Routledge.

OHNO, Taiichi. (1997). **O Sistema Toyota de Produção: Além da Produção em Larga Escala.** 1 ed. Porto Alegre, Bookman.

PEARCE A., PONS D., NEITZERT T. (2018). **Implementing lean—Outcomes from SME case studies.** Elsevier: Operations Research Perspectives 5, pg 94–104.

PEREGO, Bruno E. e IGNÁCIO, Paulo Sérgio A. (2018). **Concepção de elementos impactantes no desempenho do planejamento da cadeia de suprimentos em PME: uma amostragem no Circuito das Águas Paulista - SP / Brasil**; Revista Intellectus, N°49, pg. 39 - 60.

PERSONA, A., REGATTIERI, A. and ROMANO, P. (2004), **"An integrated reference model for production planning and control in SMEs"**, Journal of Manufacturing Technology Management, Vol. 15 No. 7, pp. 626-40.

RAHIMIFARD, S. and NEWMAN, S. (2001), **"The planning and control of manufacturing SMEs"**, International Journal of Manufacturing Technology and Management, Vol. 3 Nos 4/5, pp. 496-515.

ROSE, A. M. N., DEROS, B. Md., RAHMAN, M. N. Ab. & NORDIN, N. (2011). **Lean manufacturing best practices in SMEs**, Proceedings of the 2011 International Conference on Industrial Engineering and Operations Management Kuala Lumpur, Malaysia, January 22 – 24, pp. 872 – 877.

SEBRAE, (2006). Disponível em: **http://www.sebrae-sc.com.br/leis/default.asp?vcdtexto=4154**. Acessado em 29.10.2017.

SELKO A. (2012). **Strategies to help manufacturers compete successfully.** IndustryWeek 2012. http://www.industryweek.com/companies-amp-executives/strategies-help-manufacturers-compete-successfully.

SENGE P. (2006). **Fifth Discipline.** New York: Currency Doubleday.

SINK SD. (1985). **Productivity Management – Planning, Measurement and Evaluation, Control and Improvement.** New York: John Willey & Sons.

SILVA, Ademilson P. e PEREGO, Bruno E. (2018). **Pensadores que influenciaram o sistema de produção japonês tornando-o mais competitivo e a relevância dos Princípios Toyota de Produção: Revisão de literatura.** Revista Intellectus; Nº49, pg. 80-99.

SILVA, T. D., (2002). **O Caso do Estudo de Caso: A Preferência Metodológica na Produção.** Caderno de Pesquisas em Administração, São Paulo, v. 09, nº 3, julho/setembro.

SINGH R.K., GARG S.K., DESHMUKH S.G. (2008). **Strategy development by SMEs for competitiveness: a review.** Benchmarking: An International Journal; 15(5):525–47. doi: 10.1108/14635770810903132.

SHINGO S. (1989). **A study of the Toyota production system: from an industrial engi- neering viewpoint.** Productivity Press; Rev Sub.

SLACK, N.; CHAMBERS, S.; JOHNSTON, R. (2009); **Administração da Produção.** 2 ed. São Paulo: Atlas.

WOMACK JP, JONES DT. (1996). **Lean thinking, banish waste and create wealth in your corporation.** 1st Edition. Productivity Press.

WOMACK JP., JONES DT. (2003). **Lean thinking: banish waste and create wealth in your corporation, revised and updated.** 2nd Edition. Free Press.

WOMACK, James P. (1996). **A Máquina que Mudou o Mundo: Baseado no estudo do Massachusetts Institute of Tecnology, de cinco milhões de dólares e cinco anos de duração, sobre o futuro do automóvel.** 6 ed. Rio de Janeiro: Campus.

WORLEY JM, DOOLEN TL. (2006). **The role of communication and management support in a lean manufacturing implementation.** Manage Decis 2006; 44:228–45. doi: 10.1108/00251740610650210.

WORLEV, J. M. (2004). **"The Role of Sociocultural Factors in a Lean Manufacturing Implementation"** for the degree of Master of Science in Industrial Enqineerinq presented on December 1.

VAALAND, T. and HEIDE, M. (2007), **"Can the SME survive the supply chain challenges?"**, Supply Chain Management: An International Journal, Vol. 12 No. 1, pp. 20-31.

YIN, R. K. (2005). **Estudo de Casos: Planejamento e Métodos.** Tradução Daniel Grassi. 3 ed. Porto Alegre, Bookman.

SOBRE O AUTOR:

Bruno Estéfan Perego sempre foi apaixonado por ensinar, ajudar e influenciar pessoas.

Iniciou sua trajetória profissional antes mesmo de completar 18 anos, passando por diversas indústrias e praticamente todos os níveis hierárquicos antes de atingir o escalão gerencial. Diretor do Instituto Brasileiro de Gestão Operacional e Gerente Industrial da Plasmont, se formou em Administração de Empresas com ênfase em Propaganda e Marketing aos 21 anos, em seguida ingressou um MBA em Logística e não parou mais de assumir novos desafios. Possui também cursos de Pós-Graduado em Gestão Industrial, Especialista em Lean Manufacturing, Black Belt Six Sigma, Desenvolvimento Gerencial, Planejamento Integrado dos Estoques e da Produção, entre outros.

Incansável na busca por novos conhecimentos ingressou num mestrado de Engenharia de Produção e Manufatura, é pesquisador convidado do CENPRO - Centro de Pesquisa em Engenharia de Produção da FCA-

UNICAMP. E a mais de 10 anos vem ensinando pessoas a evoluir neste âmbito da gestão industrial, já tendo ministrado mais de 10 disciplinas universitárias em cursos de administração de empresas, engenharia de produção, gestão da qualidade, gestão da produção industrial e logística empresarial.

Sua carreira vem sendo pontuada por contribuições a empresas e profissionais como instrutor e palestrante, principalmente nas áreas de gestão e liderança.

Apaixonado por gente e conhecimento, Bruno é um ser humano que busca gerir com coerência o que escreve, pois acredita que as "20 práticas de ouro sobre gestão e liderança" descritas neste livro criam um contexto que o aproxima verdadeiramente da sua própria essência.

Para mais informações, acesse:
Site do autor: www.ibgo.com.br
E-mail pessoal: bruno_perego@yahoo.com.br
E-mail profissional: bruno.perego@ibgo.com.br
Linkedin: www.linkedin.com/in/bruno-perego-1ba71121
Youtube: IBGO - Instituto Brasileiro de Gestão Operacional
Instagram: www.instagram.com/sigaibgo
Facebook: www.facebook.com/sigaibgo

www.ingramcontent.com/pod-product-compliance
Lightning Source LLC
Chambersburg PA
CBHW071122240526
45465CB00022B/764